Haas vertelt

VIJF VERHALEN VOOR KLEINE HAASJES

Andere boeken van Max Velthuijs:

Kikker is verliefd bekroond met een Zilveren Griffel 1990
Krokodil en het meesterwerk
Trompet voor Olifant
Kikker en het vogeltje bekroond met de Gouden Griffel en een Zilveren Penseel 1992
Kikker in de kou bekroond met het Gouden Penseel en een Zilveren Griffel 1993
Kikker en de vreemdeling bekroond met de E. du Perronprijs 1994
Kikker is bang
Kikker is een held bekroond met een Vlag en Wimpel 1996
Kikker is Kikker bekroond met het Gouden Penseel 1997
Kikker en de horizon
Kikker en een heel bijzondere dag
Kikker vindt een vriendje
* *Kikker vindt een schat* (verschijnt oktober 2002)
Het rode kippetje (verzamelbundel)

Max Velthuijs
Haas vertelt

VIJF VERHALEN VOOR KLEINE HAASJES

Leopold / Amsterdam

Eerste druk 2002
Copyright © Max Velthuijs 2002
Omslagontwerp Marjo Starink
NUR 273 / ISBN 90 258 3581 3

Inhoud

De jongen en de vlieger   7
De koning en de windmolens   39
Olifant en de tijdmachine   61
De trouwe dienaar   87
De jager en de haas   121

Haas vertelt...

'Haas, wil je me een verhaaltje vertellen?' vroeg kleine Haas. 'Een spannend verhaal, iets wat echt gebeurd is.'
'Alle verhalen zijn echt gebeurd. Luister maar...'

De jongen en de vlieger

Er was eens een jongen, die niet tevreden was.
Hij vond het niet leuk om iedere dag naar school te gaan en moeilijke sommen te maken, om zijn bordje leeg te eten, zijn tanden te poetsen en op tijd naar bed te gaan.
Hij wou weleens wat van de wereld zien.

Op een dag maakte hij een hele grote vlieger en schilderde er een mooi gezicht op. Toen hij daarmee klaar was, nam hij de vlieger onder zijn arm en zei:
'Dag vader, dag moeder, ik ga de wijde wereld in.'
'Als je maar op tijd thuis bent voor het eten,' zei zijn vader.

Buiten hield hij de vlieger voorzichtig omhoog.
Ik hoop maar dat hij sterk genoeg is om mij mee te nemen, dacht de jongen.
Hij nam een aanloopje en ja hoor, daar ging hij!
De vlieger trok hem snel omhoog.

Een beetje angstig keek hij naar beneden en zag de wereld snel kleiner worden.
Zijn huis was nog maar zo groot als een luciferdoosje en de grote kastanjeboom leek wel een kropje sla. Nog hoger ging het, en de vogels vlogen verbaasd een eindje mee.
Zachtjes zweefde hij over akkers en bossen, bergen en rivieren. Wat was de wereld mooi!

Na een tijdje daalde de vlieger langzaam boven een groot woud.
Alles was er groen: de planten, de bomen en zelfs de krokodil, die plotseling uit het riet kwam en de jongen in zijn been wou bijten. Maar de vlieger trok hem snel omhoog en bracht hem naar de overkant van de rivier.

Daar stond een indianenjongen, die erg verbaasd was over het onverwachte bezoek.
'Stap maar in mijn kano,' zei hij, 'dan zal ik je het bos laten zien.'
Terwijl de kano rustig door het water gleed, aten zij vruchten die het indiaantje geplukt had.

Ik zou hier wel willen wonen, dacht de jongen, als er maar geen krokodillen waren.
Na een tijdje nam hij afscheid van zijn nieuwe vriend,
want hij wilde nog meer van de wereld zien.
Hij liet zijn vlieger op en de reis ging verder.
Het groene woud lag
spoedig ver achter hem.

Lange tijd vloog hij zachtjes voort.
Onder hem werd alles wonderlijk blauw, als in een sprookje.
Maar het was geen sprookje!
De vlieger daalde en hij hing vlak boven de zee.
De jongen schrok: zoveel water had hij nog nooit gezien.
'Help!' riep hij.
Gelukkig kwam er juist een vissersboot voorbij, zodat hij veilig op het dek kon landen.
'Welkom,' zei de kapitein, 'je komt als geroepen, ik kan best wat hulp gebruiken.'
En samen trokken ze de netten vol zilveren vissen binnenboord.

De jongen vond het wel fijn op zee, maar er waren helemaal geen vriendjes om mee te spelen.
Na een paar dagen nam hij afscheid van de zeeman en reisde verder met zijn vlieger.

Het woei nu hard en de wind joeg hem voor de wolken uit.
Zo ging het urenlang.
Toen hoorde hij vrolijke muziek.
Kermis, dacht de jongen. Opgewonden trok hij aan het touw
en stuurde de vlieger omlaag.

Dat viel tegen! Het was geen kermis, maar een grote stad.
Hij landde midden tussen het verkeer. Angstig stond hij tussen toeterende, stinkende auto's, die van alle kanten op hem af kwamen.
Hier kan ik niet gelukkig zijn, dacht de jongen verdrietig. Je kunt niet eens op straat spelen.
Hoog boven zich zag hij zijn vlieger aan de hemel staan.

Hij sloeg het touw om zich heen,
en liet zich snel omhoog trekken,
weg van de vieze, drukke stad.

Na een tijdje was de stad niet meer te zien.
Hij vloog over heuvels en dalen met kleurige akkers.
Hij zag een lief klein huisje; er kwam rook uit de
schoorsteen. Toen merkte hij dat hij honger had.

Hij landde met de vlieger voor het huisje.
De boer nam hem mee naar binnen.
De boerin schoof een stoel voor hem bij, en schepte de soep op.
Wat rook dat lekker! Net als bij hem thuis.
En plotseling dacht de jongen aan zijn vader en moeder en verlangde hij naar huis.

Toen hij zijn buikje rond gegeten had, ging hij weer verder met zijn vlieger. De boer en de boerin zwaaiden hem na tot hij uit het gezicht verdwenen was.
De zon ging onder, en als in een droom zweefden de jongen en de vlieger door de nacht.

Toen het weer licht werd, vlogen ze boven
een prachtig landschap.
Het leek wel, of alles van goud was.
Toen de jongen dat zag, voelde hij zich gelukkig.
Hier zou ik altijd willen blijven, dacht hij.
De vlieger zweefde zachtjes naar beneden.
In een grote boom met gouden herfstbladeren
bleef hij tussen de takken hangen. En plotseling
zag de jongen dat het zijn eigen kastanjeboom
was. Nu zag hij ook zijn huis en zijn moeder
die naar buiten kwam lopen.
Hij kon zijn ogen niet geloven. Alles leek zoveel
mooier dan vroeger...

Hij liet zich langs de takken
naar beneden glijden.
Hij was weer thuis!

Toen hij 's avonds naar buiten keek, zag hij hoe de vlieger zich lostrok uit de takken, en langzaam in de blauwe nacht verdween.

'Dát was een avontuur!' zei kleine Haas. 'De wind blies hem over de hele wereld. Dat zou ik ook wel willen.'

Haas vertelt...

'De wind kan nog veel meer,' zei Haas. 'Luister maar eens naar het volgende verhaal.'

De koning en de windmolens

Ergens in een klein land leefden de mensen in overvloed. Ze reden in mooie auto's en aten iedere dag taart met slagroom. En 's avonds keken ze naar de televisie. Ja, de mensen hadden een goed leven en ze werden steeds dikker en dikker. Maar echt gelukkig waren ze niet. Het land stond vol fabrieken en uit die fabrieken kwam rook. Grote, dikke, zwarte wolken; dag en nacht. Dat maakte het land smerig en de bomen gingen langzaam dood.

Op een dag stond de koning voor het raam. Grijze en zwarte wolken kwamen voorbij.
'Waar komt die vieze rommel toch vandaan?' vroeg hij aan de minister. 'Ik heb al in geen weken de zon gezien.'
'Dat komt uit onze fabrieken, Majesteit,' zei de minister.
'Laat ze daar dan direct mee ophouden!' riep de koning boos.

'Hoogheid,' zei de minister, 'als de fabrieken niet meer werken, dan kunnen ze geen auto's meer maken, geen wasmachines, scheerapparaten, stofzuigers en televisietoestellen. Geen vliegtuigen en geen elektriciteit, zodat we geen licht meer in huis hebben en de treinen niet kunnen rijden...
Hoe moeten we dan leven?'
De koning dacht na.
De minister had gelijk.
Toch kon het zo niet verder.

De volgende dag ging hij met zijn minister naar het industriegebied. De fabrieken waren volop in bedrijf. De machines stampten en maakten een oorverdovend lawaai. De schoorstenen braakten zwarte en gele rookwolken uit. De laatste vogel viel dood uit de grauwe hemel.
Geschrokken ging de koning naar huis.

Hij kon 's nachts niet slapen van de zorgen.
De volgende dag riep hij de ministerraad bijeen.
'Hierbij geef ik opdracht aan alle geleerden uit het land om een oplossing te vinden voor deze luchtvervuiling,' sprak hij. 'Dit is een koninklijk bevel!'
Dit werd aan het volk bekendgemaakt.
Al spoedig kwamen de eerste plannen binnen. Een geleerde stelde voor om een heel grote stofzuiger te bouwen, die alle rook kon opzuigen. Dan kon de rook in blikken worden verpakt en die konden in zee geworpen worden.

Een ander stelde in plaats van de fabrieken atoomenergie voor. Maar hij wist niet waar het afval naartoe moest.
De meest fantastische ideeën kwamen binnen, maar niet één was er bruikbaar.

De koning werd wanhopig van al die idiote plannen.
Maar op de vierde dag meldde zich een jongen bij het paleis.
'Majesteit,' zei hij dapper, 'ik heb de juiste oplossing voor u.'
'Jij?' zei de koning schaterend. 'Ben jij een geleerde?'
'Nee,' zei de jongen, 'maar als u met me mee wilt komen, zal ik u een uitvinding laten zien.'

Nu werd de koning toch nieuwsgierig.
Ze stapten met z'n allen in de koninklijke auto
en de jongen wees de weg.

Na een tijd rijden zag de koning plotseling midden in het landschap een oude windmolen staan. De wieken draaiden vrolijk rond.
'Heel mooi,' zei de koning. 'Maar wat heeft dit voor nut?'
Toen kwam de molenaar naar buiten en hij nodigde hem uit binnen te komen kijken.

Tot zijn verbazing zag de koning dat alles volop in bedrijf was. Assen draaiden en tandraderen zetten molenstenen in beweging. Knechten stortten zakken graan in een trechter.
'Het werkt!' riep de koning enthousiast. 'En alleen maar door de wind.'
'Natuurlijk,' zei de molenaar. 'De natuur geeft ons alle energie die we nodig hebben.'

Thuisgekomen riep de koning alle ministers bijeen en vertelde wat hij gezien had. Hij vaardigde een bevel uit om alle fabrieken in het land om te bouwen op windenergie.
Wind is overal, wind is schoon en het is nog gratis ook.

Overal in het land ging men aan het werk en al gauw waren de eerste fabrieken omgebouwd. De lucht werd weer schoon, de zon kon weer schijnen en het gras werd weer groen.
De koning ging iedere dag op zijn fiets het land in om te kijken of het werk al opschoot. Tevreden zag hij hoe het landschap veranderde. Het was een vrolijk gezicht: al die draaiende wieken en de bomen die weer groene blaadjes kregen. Ook de vogels kwamen terug.

De molenaar werd door de koning tot ereburger benoemd.
En als het een dag heel hard stormde, klaagden de mensen niet maar zeiden tegen elkaar: 'Lekker windje vandaag!'

'Op het weiland naast ons bos staan ook windmolens,' zei kleine Haas.

'Ja, nu zijn ze weer heel gewoon. Maar Max Velthuijs heeft dit verhaal ongeveer dertig jaar geleden geschreven. Toen begreep men nog niet wat je met wind kon doen en de mensen lachten hem uit om dit plan.'

'Eigenlijk is Max Velthuijs ook een uitvinder!' zei kleine Haas.

'Nee hoor, vroeger, toen er nog geen fabrieken waren, zag je ook overal windmolens.'

Haas vertelt...

'Ik weet nog een mooi verhaal over de tijd,' zei Haas.
'Wat is tijd eigenlijk?' vroeg kleine Haas.
'Luister maar goed, dan zul je het horen,' zei Haas.

Olifant en de tijdmachine

Op een mooie zomerdag liep Olifant tevreden door zijn tuin.
De bloemen bloeiden en alles stond er prachtig bij.
Wat is het leven toch fijn, dacht hij. Zo mag het eeuwig duren.

Daar kwam zijn vriend Krokodil aanwandelen.
'Gefeliciteerd met je verjaardag,' riep hij.
'Da's waar ook,' zei Olifant, 'ik was het bijna vergeten.'
'Alweer een jaartje ouder,' zei Krokodil hartelijk.
'Hoe oud ben je nu?'
'Ik zou het niet weten,' zei Olifant. 'En het maakt toch ook niets uit.'

'Ik heb wat voor je meegebracht,' zei Krokodil geheimzinnig en hij gaf een pakje aan Olifant.

Ze namen het pakje mee naar binnen.
'Wat zit erin?' vroeg Olifant nieuwsgierig.
'Een tijdmachine,' zei Krokodil. 'Daar kun je de tijd mee meten.'
Met bevende vingers maakte Olifant het pakje open.

'Het tikt, wat leuk,' zei hij.
'Ja, iedere tik is een seconde, zestig tikken is een minuut en na zestig minuten is er een uur voorbij.'
Olifant vond dat getik wel gezellig en hij was erg blij met het mooie geschenk.

Plotseling begon het apparaat te ratelen.
Een vogeltje kwam tevoorschijn en riep: 'Koekoek', vijfmaal achter elkaar.
Olifant was stomverbaasd.
''t Is vijf uur,' zei Krokodil, 'tijd om naar huis te gaan.'

De eerste dagen genoot Olifant volop van zijn cadeau.
Ieder uur kwam het vogeltje naar buiten om te zeggen hoe laat het was.

's Morgens, als de koekoek achtmaal riep, sprong Olifant opgewekt uit bed. Tijd voor gymnastiek!
Om twaalf uur was het tijd voor een boterhammetje, om drie uur tijd voor de thee.
En 's avonds wachtte Olifant op het sein van zeven uur, voordat hij de eerste hap nam.
Zo deed hij alles precies op tijd. Dag in, dag uit.

Dat bracht rust en orde in zijn leven en Olifant was gelukkig.
Maar zijn geluk duurde niet zo lang. Al spoedig ontdekte hij hoe snel de tijd eigenlijk ging.
Zat hij 's avonds lekker te lezen, riep het vogeltje twaalfmaal.
Wat, dacht Olifant, alweer een dag voorbij?

En als hij in bed lag, ging het tikken onverstoorbaar door.
… 58, 59, 60, telde Olifant. Weer een minuut voorbij.
Zo word ik alsmaar ouder en ouder, dat gaat me veel te vlug!

Als hij dan eindelijk in slaap viel, droomde hij van een enge vogel die steeds 'Koekoek' riep.

De tijdmachine beviel hem helemaal niet meer.
Hij zette hem in de kast zodat hij het getik niet meer zou horen.
Maar dat hielp niet veel. 't Was net of hij nog harder tikte: tik-tak, tik-tak, en de tijd ging maar voort.

Zo kan ik niet langer leven, dacht Olifant.
Zonder de tijdmachine was ik veel gelukkiger.
Ik had tijd in overvloed.

Weg met dat ding!
En hij smeet de machine de deur uit.

Ver weg viel hij in het gras, maar hij tikte rustig verder.
Tik-tak, tik-tak, seconde na seconde.

Woedend stampte Olifant de tijdmachine in elkaar.
Veertjes en radertjes vlogen in het rond.

Nog één keer riep het vogeltje: 'Koekoek' en toen was het stil.
Opgelucht haalde Olifant adem.
Ziezo, nu kon hij weer rustig verder leven, voor altijd.

Krokodil, die het lawaai hoorde, kwam ongerust aanrennen.
Daar was iets niet in orde met Olifant.

'Wat heb je nu gedaan?' vroeg hij onthutst.
'Ik heb de tijd stilgezet,' zei Olifant. 'Het was een mooi cadeau, maar het leven ging me veel te snel. Steeds was ik weer een dag ouder.'

'Maar goede vriend, de tijd kun je niet stoppen, die gaat altijd door,' zei Krokodil rustig. 'Kijk daar maar eens.'
En hij wees naar de horizon.

Olifant keek en zag de zon, die net onderging.
'De ondergaande zon, dat is iedere dag zo,' zei Olifant.
'Juist,' zei Krokodil, 'dat betekent dat er weer een dag voorbij is.
Wij zijn allemaal weer een dagje ouder!'

'Nu snap ik het!' riep Olifant. 'Iedereen wordt dus ouder, want als je niet ouder werd, zou je altijd een kind blijven.'
'Precies,' zei Krokodil, 'ouder en wijzer.
En als je heel oud bent, dan ga je dood.'

'Maar jij gaat toch niet dood, hè?' zei kleine Haas.
'Voorlopig nog niet, hoor. Eerst wil ik zien hoe jij groot wordt!'

Haas vertelt...

'Als ik groot ben, wil ik koning worden!' zei kleine Haas. 'Dan woon ik in een paleis, en dan heb ik allemaal dienaren. Die moeten alles doen wat ik zeg.'
'Soms is een dienaar ook wel eens ongehoorzaam. En wat er dan gebeurt… dat zal ik je nu vertellen,' zei Haas.

De trouwe dienaar

Koning Leo schreef een brief aan zijn beste vriend in Amerika.
Toen hij klaar was zette hij met grote letters op de envelop:
BELANGRIJK.

Daarna liet hij zijn trouwe dienaar komen en sprak: 'Hier is een belangrijk bericht. Breng dit zo snel mogelijk naar Amerika.'
'Jawel Majesteit,' zei de dienaar. 'U kunt op mij vertrouwen.'
Dat wordt een leuk reisje, dacht hij opgewonden.

Maar nu trad de raadsheer naar voren. Hij schoof de dienaar terzijde en zei:
'Majesteit, staat u mij toe u een goede raad te geven. Laten wij de brief per post verzenden. Dat gaat veel sneller en het kost haast niets.'
'Ben je gek geworden!' riep de dienaar. 'Daar kun je niet op vertrouwen.
De brief raakt natuurlijk zoek.'
Maar de koning vond het geen slecht idee en besloot de raad op te volgen.
De raadsheer plakte een postzegel op de brief en gooide hem in een rood kastje, dat aan de rand van het bos stond.

De dienaar van de koning had er geen vertrouwen in en wilde de zaak controleren.
Toen hij zijn hand in de brievenbus stak, bleek dat er niets meer in zat.
Zie je wel dat ik gelijk heb, dacht hij.
In de verte zag hij een klein rood autootje verdwijnen.
Vlug haalde hij zijn fiets uit de schuur en ging erachteraan.

Vol verbazing keken de koning en zijn raadsheer hem na en vroegen zich af waar hij zo vlug naartoe ging.

Het was een zware tocht, waar de dienaar aan begon.
Dwars door het oerwoud en vol gevaren.

Maar hij fietste moedig voort
en dacht maar aan één ding:
de brief van de koning mocht
niet verloren gaan.

Toen de nacht viel, was de trouwe dienaar moe. Hij zette zijn fiets tegen een boom en viel in een diepe slaap.
De volgende morgen vroeg werd hij gewekt door het felle zonlicht.
Verbaasd keek hij om zich heen.
Toen wist hij het weer. De brief van de koning!
Welke kant moest hij nu op?

Daar kwam een zwijntje aanlopen.
'Weet u misschien de weg naar Amerika?' vroeg de dienaar beleefd.
Het zwijntje dacht diep na.
'Die kant op misschien, maar zeker weet ik het niet,' antwoordde het tenslotte.
'Daar heb ik niets aan,' mopperde de dienaar en hij fietste verder.

Hijgend en puffend beklom de trouwe dienaar de ene berg na de andere.
De brief van de koning, bonsde het in zijn hoofd. Daar gaat het om!
En voort ging hij.

Na urenlang trappen zakte hij uitgeput tegen een rots.
Even dacht hij erover het op te geven.
Maar nee, een dienaar van de koning geeft nooit op.
Misschien lag de brief wel ergens langs de weg...

Na een tijdje kwam hij bij een tweesprong. Links of rechts, hij wist het niet.
Maar daar kwam een kleine muis aan. Hij zou het hem eens vragen.
'Zo ventje, weet jij ook de weg naar Amerika?'
'Jazeker, meneer,' zei de muis beleefd. 'Mijn oom woont in Amerika. Rechtsaf en verder almaar recht vooruit.'
'Is het nog ver?' vroeg de dienaar.
'Als u flink doortrapt, valt het wel mee,' zei de kleine muis.
De dienaar dankte hem voor de informatie en stapte vol goede moed weer op de fiets.

Eindelijk was daar de laatste helling. Juichend snelde hij omlaag.
Voor hem lag een gele vlakte, zover het oog reikte. De woestijn.
Zo schiet ik lekker op, dacht hij.

Maar dat viel tegen.
Al spoedig zakten de wielen van zijn fiets weg in het mulle zand en hoe hij ook trapte, hij kwam geen meter vooruit.
Dan maar lopen, dacht de trouwe dienaar.
Hij sjokte over de gele vlakte.
Geen boom te zien, geen sprietje gras... Hij had vreselijke dorst. En honger!
Waar zou de brief van de koning zijn?

Toen ontdekte hij aan de horizon een klein groen eilandje. Dichterbij gekomen zag hij een telefooncel met palmbomen eromheen. Een oase. Hij bedacht zich niet lang en nam de hoorn van de haak.
'Inlichtingen,' zei een rustige stem.
'Kunt u mij zeggen waar de brief van de koning is?' vroeg de dienaar opgewonden.
'Maakt u zich geen zorgen, meneer, de brief is onderweg,' luidde het antwoord.

Maar de dienaar vertrouwde het niet en zette zijn tocht voort. In de verte zag hij een huisje staan. Met zijn laatste krachten sleepte hij zich erheen.
POSTKANTOOR stond erop geschilderd. Hier moest hij zijn!
'De brief...' vroeg hij buiten adem, 'de brief van de koning?'
'De brief van de koning?' zei de loketbediende. 'Die is allang weg.' En hij wees naar de blauwe zee, onmetelijk groot.
'Daar aan de overkant, daar ligt Amerika,' voegde hij er vriendelijk aan toe.

Aan de oever lag een blauw bootje. Zonder aarzelen stapte de dienaar aan boord en met frisse moed begon hij te roeien. Dwars over de grote oceaan ging het.
Misschien was de brief onderweg in het water gevallen. Dan zou hij hem vinden!

Hij kende geen angst en verjoeg haaien en monsters...

...en ook bij zware storm roeide hij moedig voort.
In een klein blauw bootje, te midden van huizenhoge golven,
was de trouwe dienaar op zoek naar de brief.

Eindelijk, na een barre tocht, was er land in zicht.
Amerika, hoera! Het doel was bijna bereikt.

Aan wal gekomen nam hij een taxi.
'Naar het Witte Huis,' zei hij. 'Vlug!'
Het werd een lange en wilde rit.
Eindelijk stopte de chauffeur voor een prachtig gebouw
met een witte koepel en brede trappen.

Op dat moment zag de dienaar een postbode lopen met een volle brieventas.
Er viel een brief uit de tas. Hij werd meegenomen door de wind...
De trouwe dienaar zag onmiddellijk dat het de brief van de koning was.

Hij sprong uit de auto en holde erachteraan.
Dwars door het verkeer, met gevaar voor eigen leven.
Toen de brief op straat viel, dook de dienaar erbovenop.
Zie je wel, als ik er niet was geweest! dacht hij.

Met de brief in zijn hand geklemd stormde hij het Witte Huis binnen.
Langs de verschrikte schildwachten de trappen op. Gangen door.
Zonder kloppen viel hij de kamer van de president binnen.
'Een brief van de koning,' bracht hij hijgend uit, en toen zakte hij uitgeput neer op de grond.
Ongeduldig maakte de president de brief open en las:

Beste vriend,
Ik nodig je hierbij uit voor mijn verjaardagsfeestje
aanstaande zondag.
Ik hoop dat dit belangrijke bericht je op tijd bereikt.
Koning Leo.

'Oh, wat leuk!' riep de president. 'Dat is morgen al, we moeten er direct naartoe.'
Snel pakte hij wat spullen in een tas en ze gingen op weg naar het vliegveld.
Er stond al een vliegtuig klaar.
De trouwe dienaar mocht bij het raampje zitten. Zo kon hij alles goed zien: de onmetelijk grote zee, de woestijn, de bergen en het oerwoud. De hele tocht die hij had afgelegd.

Toen het vliegtuig geland was, stond de koning hen al op te wachten.
Hartelijk begroetten de twee oude vrienden elkaar.

En de trouwe dienaar, hoe ging het verder met hem?
Tijdens de feestmaaltijd kreeg de koning het hele verhaal te horen. Hoe dankzij het moedig gedrag van zijn dienaar de brief toch nog precies op tijd de president had bereikt. Voor zijn moed en trouw beloonde de koning hem daarom met de hoogste onderscheiding van het koninkrijk, en hij verhief hem in de adelstand. Dit was alle moeite dubbel en dwars waard! dacht de trouwe dienaar ontroerd.

Tot slot nog dit, lieve kinderen. Als je zelf geen trouwe dienaar hebt, stuur je brief dan gerust per post en vertrouw er maar op dat hij aankomt. Overal ter wereld.

Haas vertelt...

'Toe Haas, vertel nog eens iets leuks,' vroeg kleine Haas. 'Het is niet altijd even leuk wat er gebeurt in de wereld,' zei Haas. 'Ik zal je een verhaal vertellen over een jager die een haas wou schieten. Het is echt gebeurd, mijn grootvader heeft het mij zelf verteld.'

De jager en de haas

Er was eens een jager, die met zijn vrouw in een klein huisje woonde. Iedere dag zag hij een haas in het veld. Dan pakte hij zijn geweer en probeerde het dier te schieten. Maar het lukte hem nooit. De haas was hem altijd te slim af.

Als de jager schoot, dook de haas snel weg in het korenveld. En dan moest de jager weer met lege handen naar huis.

'Wat ben jij voor een jager?' riep zijn vrouw kwaad en ze sloeg hem met de koekenpan op zijn kop.

De haas werd hoe langer hoe brutaler. Op een avond zag de jager hem plotseling in zijn moestuin, waar de haas op zijn gemak een paar mooie kooltjes plukte.
'Maak dat je wegkomt, vuile dief!' schreeuwde de jager en hij pakte zijn geweer. Maar toen was de haas natuurlijk allang verdwenen...

Moeder haas was blij met die heerlijke kooltjes. En daarom ging de haas regelmatig 's avonds groente stelen uit de moestuin van de jager. Langzaamaan ging de zomer voorbij. Het koren was gemaaid en het land werd steeds kaler. Voor de haas was daar niet veel eten meer te vinden. Maar in de tuin van de jager stonden de kooltjes er nog fris en groen bij.

Het had gesneeuwd en de haas kon zich niet goed verbergen in het witte landschap. Maar omdat er thuis niets meer te eten was, moest hij er toch op uit. Voorzichtig sloop hij naar de moestuin van de jager. Om eten te halen voor zijn hongerige kindertjes.

De jager zag hem al van verre aankomen en verstopte zich achter een boom.
De haas kwam steeds dichterbij en had niets in de gaten.
Toen richtte de jager zijn geweer en schoot.
Een luide knal... Raak!

'au!' De haas schreeuwde het uit van de pijn.
Het bloed stroomde langs zijn poot.
Zo vlug hij kon strompelde hij naar huis.

'Ik heb hem geraakt!' juichte de jager en hij holde naar voren. Maar de haas was nergens meer te zien. Wel zag de jager een spoor van bloed in de sneeuw.
Nu krijg ik hem te pakken, dacht hij opgewonden. Vanavond eten we gebraden haas!
Hij volgde het rode spoor.

Het spoor leidde naar het huisje van haas.
De jager klopte aan de deur en riep: 'Kom tevoorschijn, lelijke dief!'
Plotseling ging de deur open en daar stond moeder haas.
'Maak dat je wegkomt, gemene jager!' zei ze woedend. 'Je hebt haas in zijn poot geschoten. Hij is ernstig gewond!'

Hevig geschrokken ging de jager ervandoor.
Zijn vrouw stond al op hem te wachten.
'En, heb je de haas geschoten?' vroeg ze gretig.
'Ja,' zei de jager. 'Ik heb hem geraakt. Hij zit thuis met een gewonde poot.'
'Sukkel, ga hem dan halen!'
'Nee,' zei de jager, 'ik jaag niet meer.' En hij hing zijn geweer aan de muur.

De winter was voorbij. Het was voorjaar.
De haas liep langs, met een hengeltje over zijn schouder.
'Zo, jager,' zei hij. 'Waar is je geweer?'
'Ik schiet niet meer,' zei de jager. 'Het spijt me dat ik je geraakt heb.'
'Ach,' zei de haas, 'het is allang over. Zal ik je dan maar leren vissen?'

'Werden de jager en de haas toen vrienden?' vroeg kleine Haas.
'Ja. Zo zie je dat je soms goede vrienden kunt worden met je ergste vijand.'
'En heeft de jager wel eens een vis gevangen?'
'Dat weet ik niet. Maar hij heeft in elk geval nooit meer een haas geschoten. Want op je vrienden schiet je niet!'

LEES OOK VAN MAX VELTHUIJS:

Het rode kippetje zes dierenverhalen

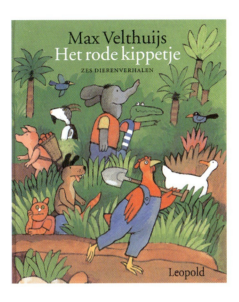

Een kippetje dat in haar eentje moet zaaien, wieden en oogsten
omdat niemand haar wil helpen, en dus ook alleen het brood opeet.
Een dappere eend die een gemene vos te slim af is.
Een luie beer die als de winter komt het ijverige varkentje
te hulp moet roepen.
Een sluwe krokodil die denkt de domme olifant een hak te zetten.
Nóg een krokodil, die voor een kunstminnende olifant
een meesterwerk maakt.
En ten slotte dezelfde krokodil (of een andere),
die met zijn buurman olifant in de muziek gaat.